WALTER ROTTIERS

Fliegerlatein

99 LUFTFAHRT-CARTOONS

ISBN 3-925505-00-8
2. Auflage 1989

Fotos: Archiv Redemann, Archiv Rottiers
Reproduktionen: Walter Huber Grafische Kunstanstalt GmbH & Co. KG, Ludwigsburg
Druck und Herstellung: Bosch-Druck, Landshut/Ergolding

WALTER ROTTIERS

Fliegerlatein

Ein phantasievoller Streifzug durch die heitere Welt von Walter Rottiers' Flieger-Cartoons

Herausgegeben von Peter Pletschacher

AVIATIC VERLAG

FLIEGE

Inhalt

LATEIN

Der Luftfahrt-Fan

Wir wohnten in Elewijt, auch bekannt durch das Rubensschloß „Het Steen“ etwa 15 km vom damaligen Brüsseler Flughafen Melsbroek entfernt. In den Schulferien, ich war damals zehn Jahre alt, fuhr ich mit meinem Kameraden immer wieder mit dem Fahrrad dorthin, um stundenlang die startenden und landenden Flugzeuge zu beobachten. Es waren hauptsächlich DC 3, DC 6 oder DC 7 der Sabena mit ihren typischen Propeller-Geräuschen, die mich jedesmal faszinierten. Aber auch das drum und dran, wie „Follow me“, und „Attention please“, oder die Crew und die Passagiere, die noch wenige Stunden zuvor in Zürich, London oder New York gestartet waren, unglaublich!

Später wechselten wir den Wohnort und damit verbunden auch die Schule. Ich war 13 Jahre alt, als ich das Atheneum in Keerbergen besuchte. Neben dem Waldstück, wo sich das Schulgebäude befand, lag ein gut ausgebauter Sportflugplatz. Freitagnachmittags und samstagvormittags, wenn die Piloten — es waren hauptsächlich Geschäftsleute aus Brüssel — ihre Runden über der Umgebung drehten, konnte ich mich überhaupt nicht mehr auf den Unterricht konzentrieren. Meine Gedanken folgten den Flugzeugen und seinen Piloten. Ich kann mich nicht mehr genau an die einzelnen Flugzeugtypen erinnern. Es war aber leider keine „Harvard“ dabei, damals mein Favorit unter den Flugzeugen.

Viel früher war dies die Piper-Cub gewesen. Ich war vielleicht fünf Jahre alt, als zwei in gelb bemalte Flugzeuge dieses Typs bei einem Volksfest neben der Wiese meiner Großmutter, wo ich die Sommerferien verbrachte, einen Tag lang Rundflüge für die Besucher absolvierten.

Ende der fünfziger Jahre interessierten mich hauptsächlich Militär-Düsenflugzeuge. Vor allem waren es die britischen Lightning und die Hawker Hunter, die während dieser Zeit bei mir ganz oben auf der Flugzeug-Hitliste standen. Die belgische Luftwaffe hatte in dieser Zeit die Hunter als Kampfflugzeug in Dienst gestellt. Ich glaube, es gibt bis heute kaum noch ein schöneres Flugzeug als diese „Miss Jet".

Als Brüssel 1958 rechtzeitig zur Weltausstellung sein Flughafen-Areal erweiterte und Zaventem National Airport entstand, galt mein Interesse von da an vor allem den zwei- und vierstrahligen Passagier-Flugzeugen. Zuerst der Caravelle, später Boeing 707 und DC 8, deren Form, Technik und Größe völlig neue Dimensionen in der Zivil-Luftfahrt brachten.

Meine Begeisterung an der Luftfahrt habe ich bei Beginn meines Studiums der Werbegrafik und auch später während meiner Militärdienstzeit nie verloren. Sechs Monate des Soldatenseins verbrachte ich auf dem ehemaligen Flugplatz Evere bei Brüssel, der in den vierziger Jahren eine strategisch wichtige Rolle in der Militärluftfahrt spielte.

Anfang 1965 reiste ich nach Deutschland, um beruflich Auslandsluft zu atmen.

Knappe zwei Jahre danach leistete ich mir das, wovon ich als Zehnjähriger oft geträumt habe, nämlich selbst 'mal als Passagier in Brüssel zu landen. Dieser Flug mit der guten Convair „Metropolitan", typisch waren z.B. das Höhenleitwerk und die großen Fenster, gilt bis heute als der schönste von allen. Startvorgang, das Hochdröhnen der Propeller-Triebwerke und der langsam ansteigende Startwinkel, in der heutigen Jet-Fliegerei nicht mehr denkbar, bleiben mir unvergessen.

Von 1973 an war ich acht Jahre lang Redaktionsmitglied der Zeitschrift „Flug Revue" in Stuttgart und verantwortlich für die Gestaltung sämtlicher Projekte wie Kataloge und Flug Revue-Informationsdienste. Während dieser Periode entstand ein großer Teil der hier veröffentlichten Zeichnungen. Die Ideen dazu lieferten mir nicht nur die tägliche Redaktionsarbeit, sondern auch Besuche der wichtigsten Air-Shows wie Paris, Farnborough oder Hannover. Aber auch Gespräche mit Piloten und Flugzeugpionieren wie z.B. Alfred Renard in Brüssel dienten als Stoff für Ideen, die später zu Cartoons wurden.

Als ich 1983 mein eigenes Atelier für Grafik und Werbung in Pliezhausen bei Stuttgart gründete und seitdem auch wieder die Cartoons für die Zeitschrift Flug Revue zeichne, schließt sich der Kreis.

Immer wenn ich geschäftlich in der Schwaben-Metropole zu tun habe, fahre ich nach knapp 18 km unvermeidlich an diesem Flughafen vorbei. Und heute fasziniert es mich immer noch, einen Airbus, Tristar oder DC 10 starten oder landen zu sehen.

Walter Rottiers

Das Versuchsstadium

"Eureka, ich hab's"

"Auf, nach Kuba!"

"Das ist Charlie, mit seinem ewigen Schluckauf!"

NAVY

"Mensch Charlie, beeile Dich!"

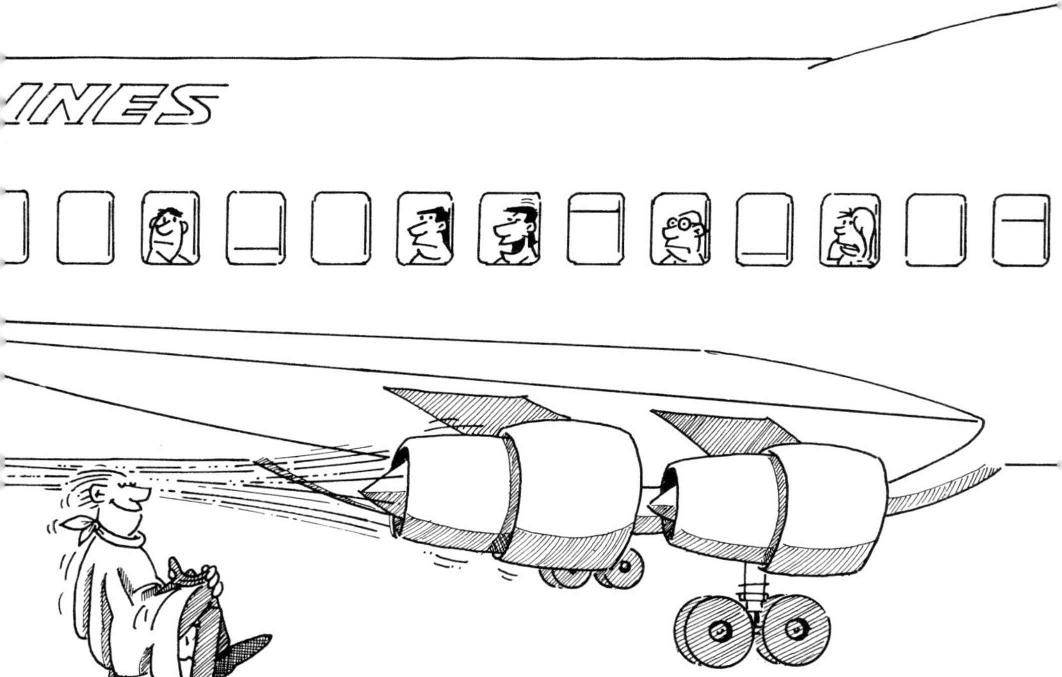

"Der Captain scheint sich vorerst noch zu föhnen"

Der Prototyp

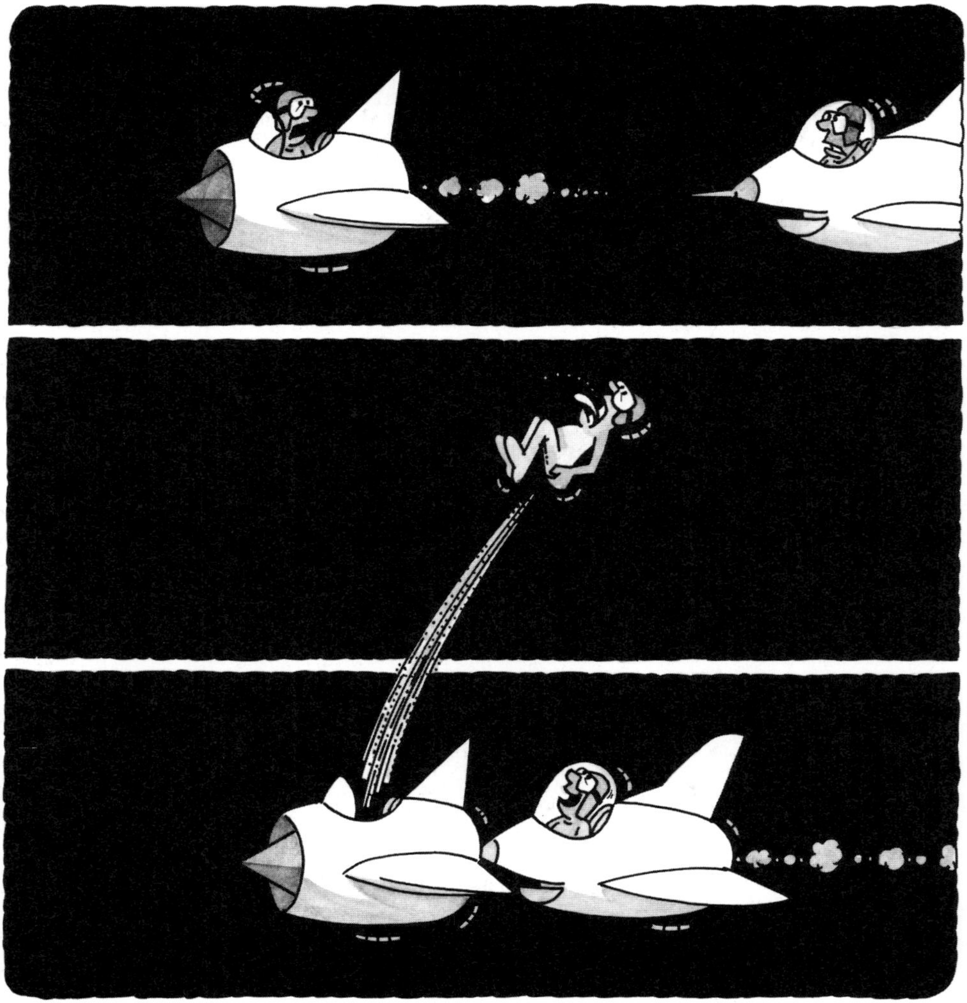

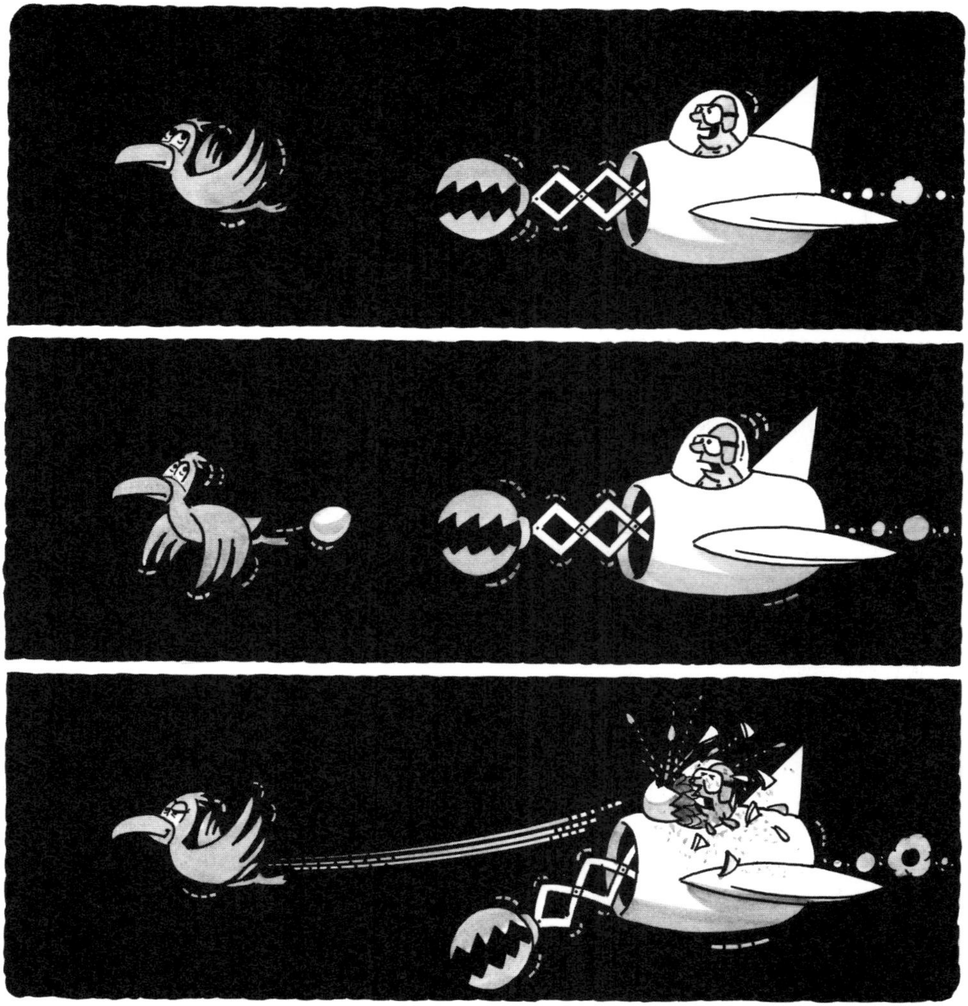

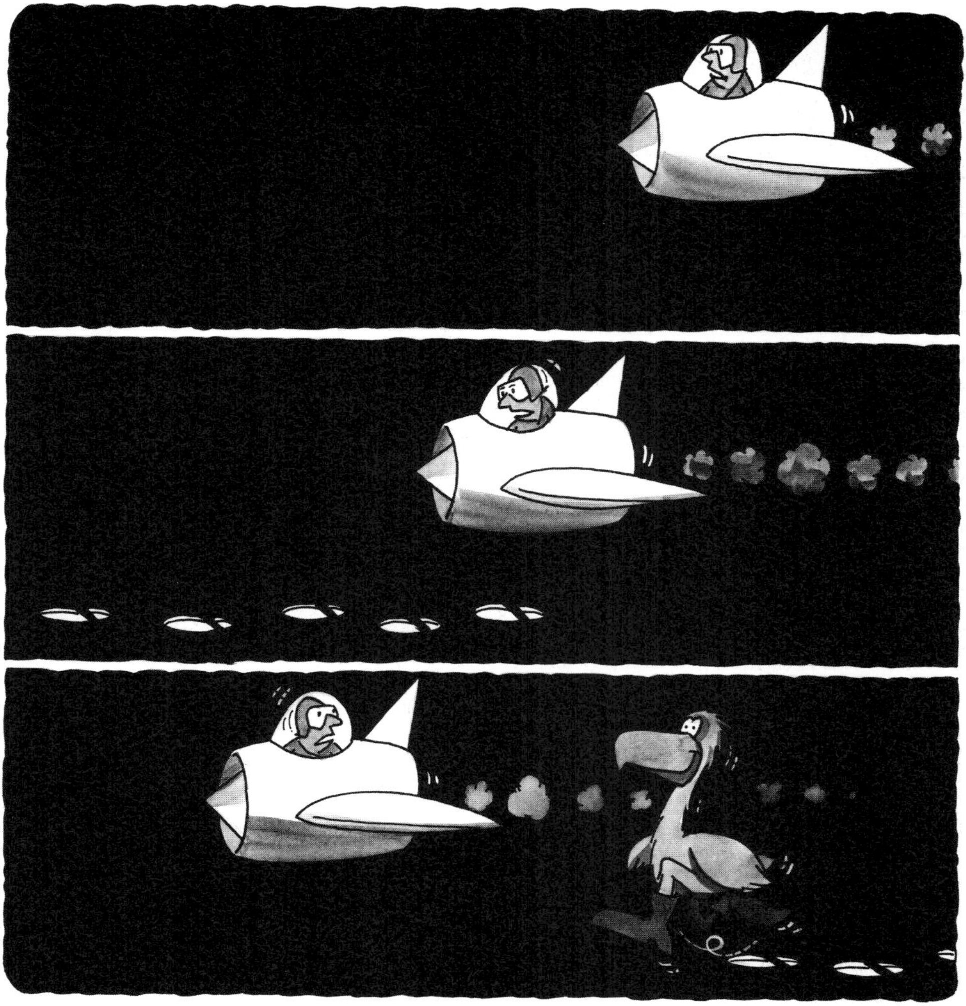

HELP

Publicity

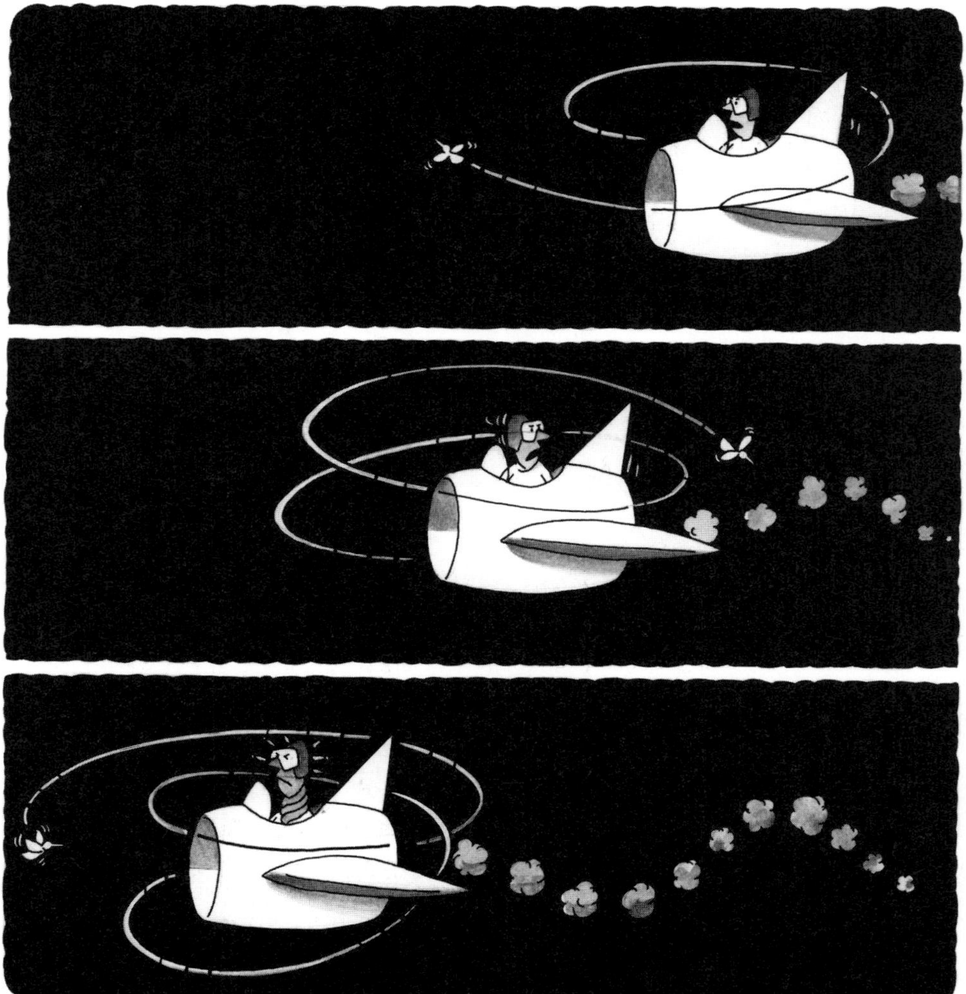

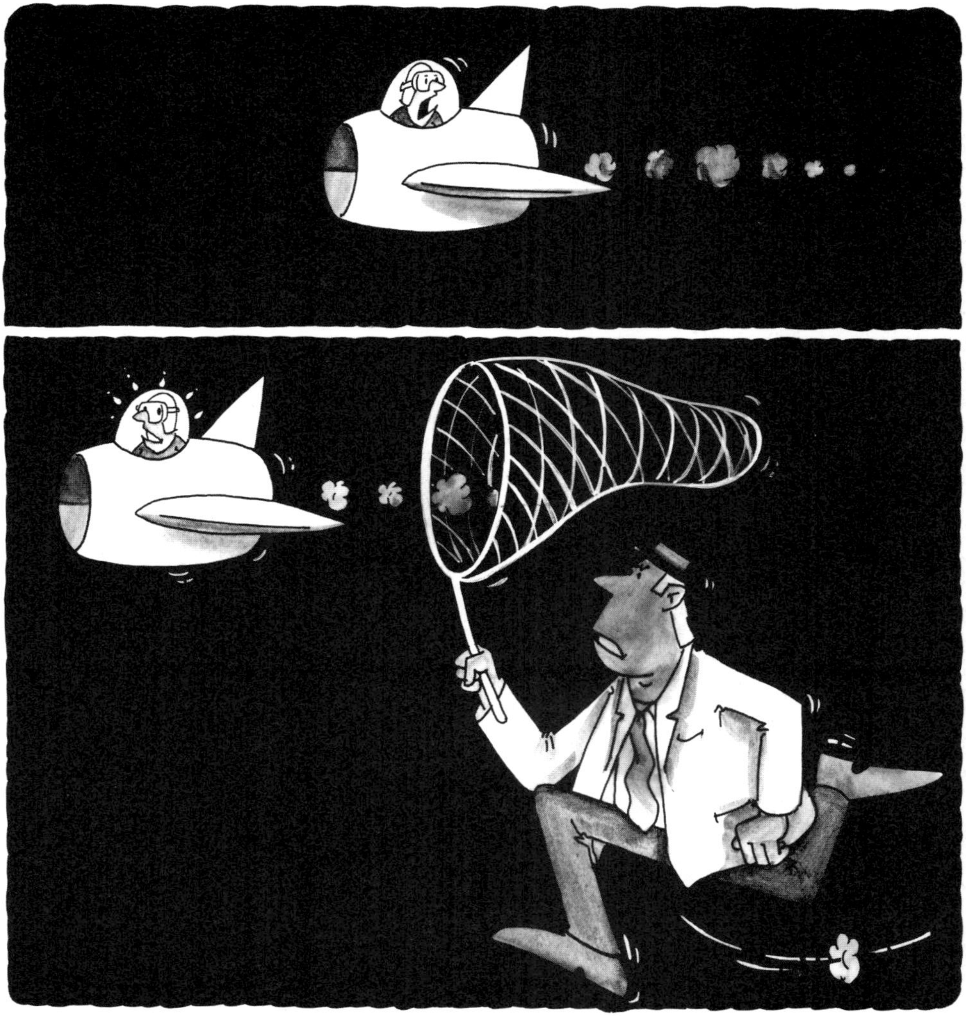

idea

WC

BIBEL

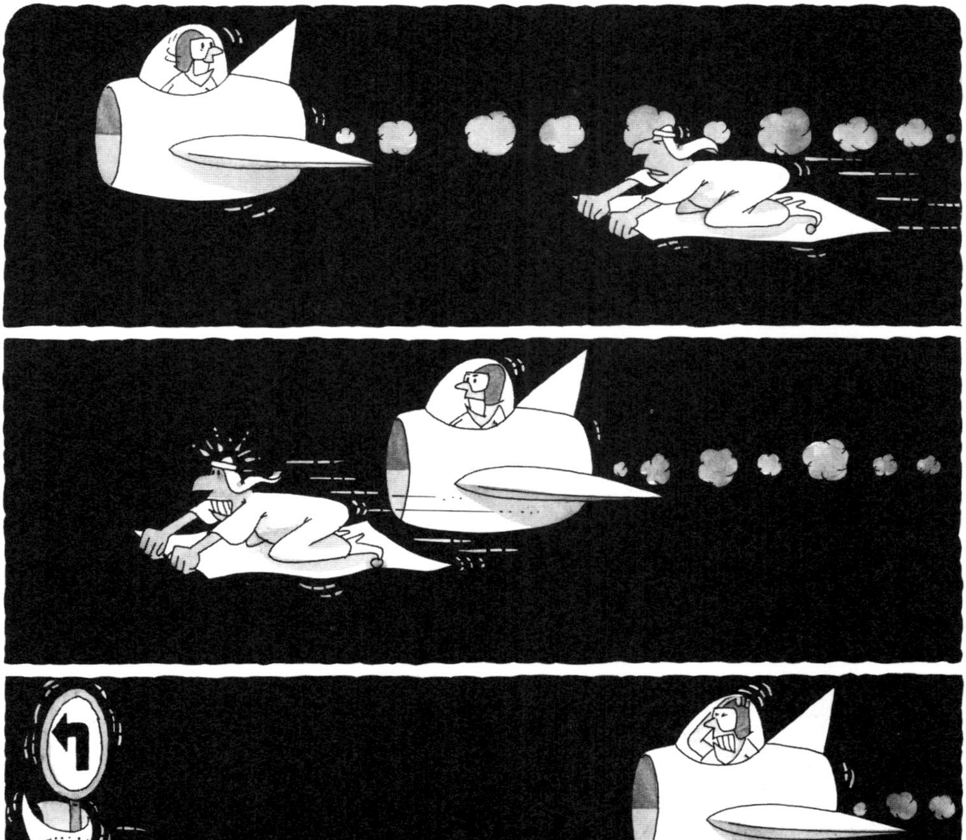

Help!

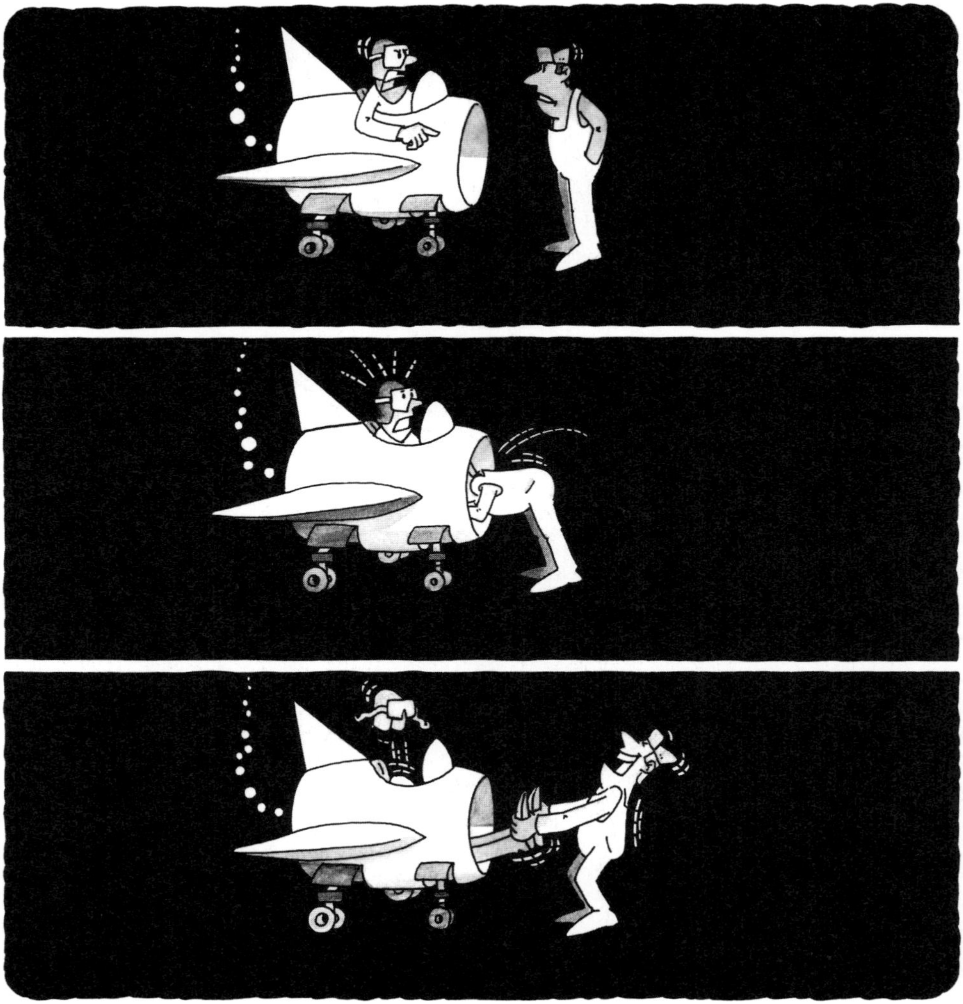

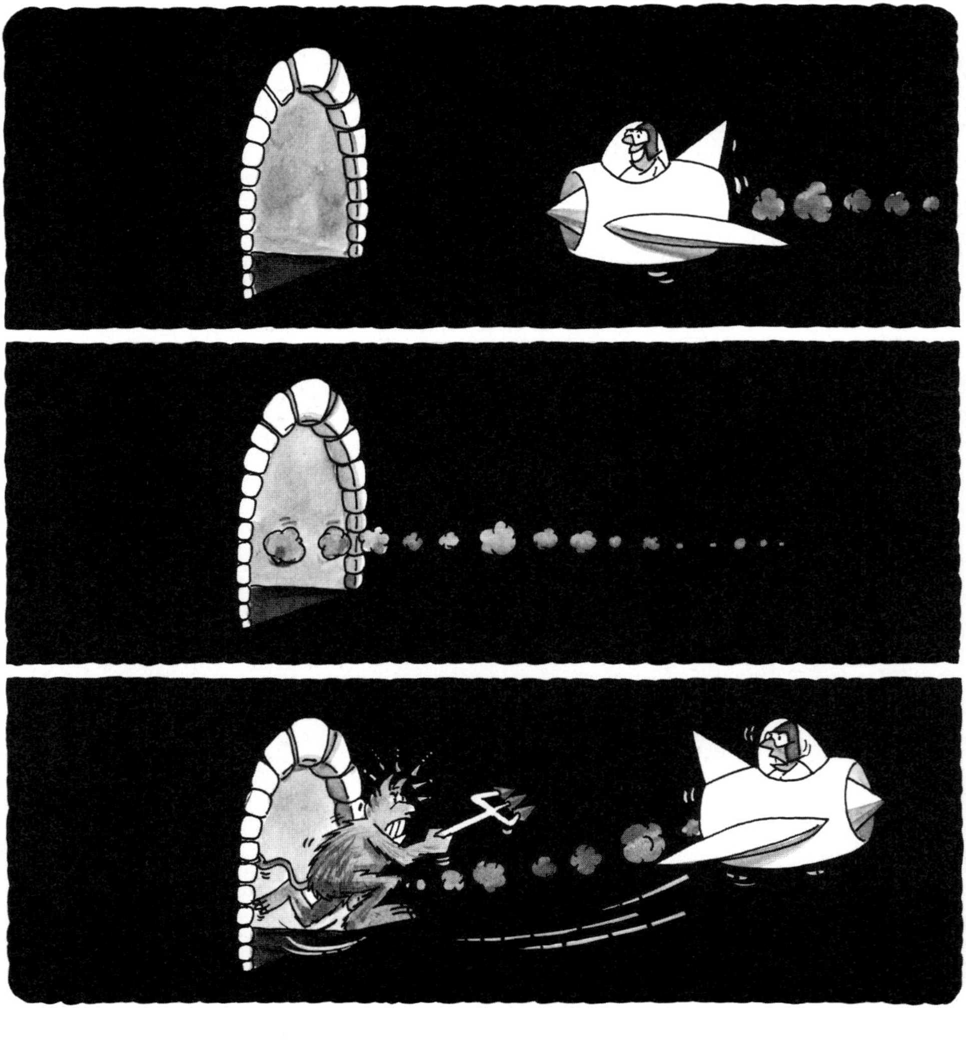

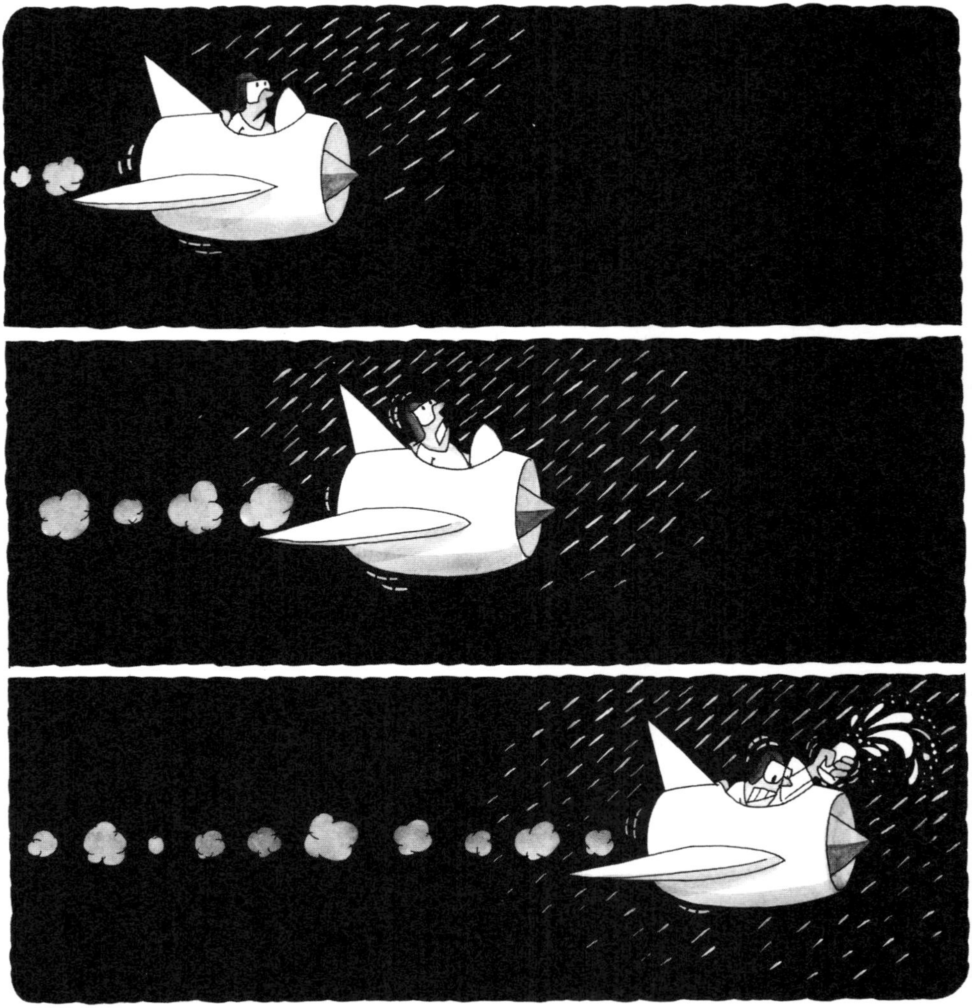

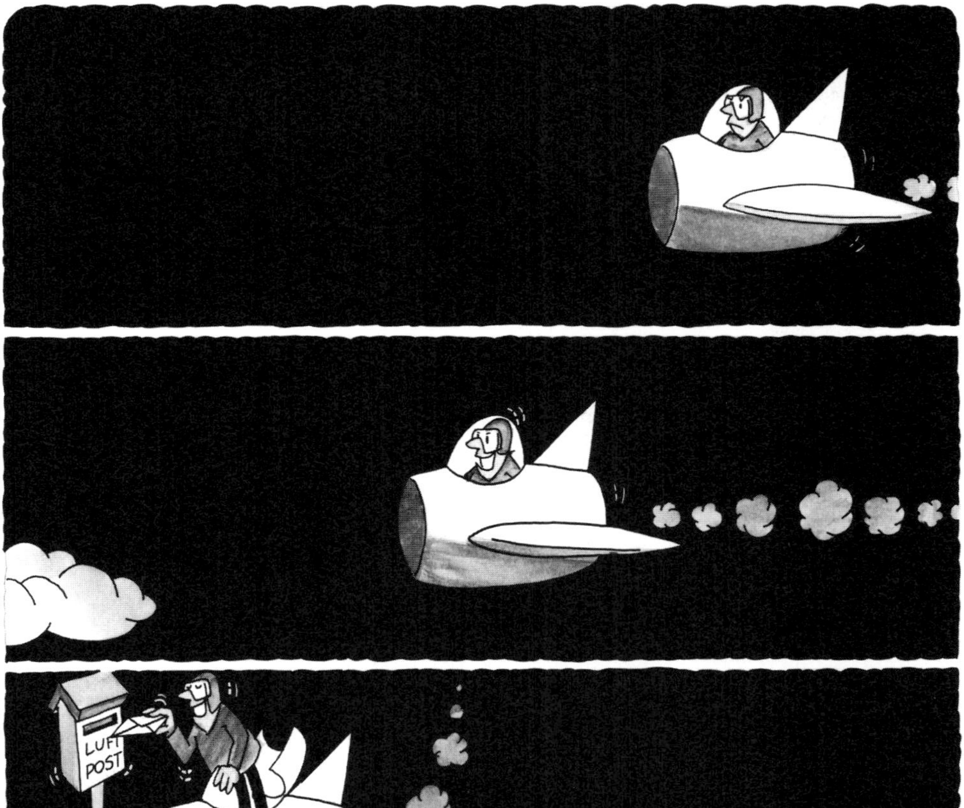
LUFT
POST

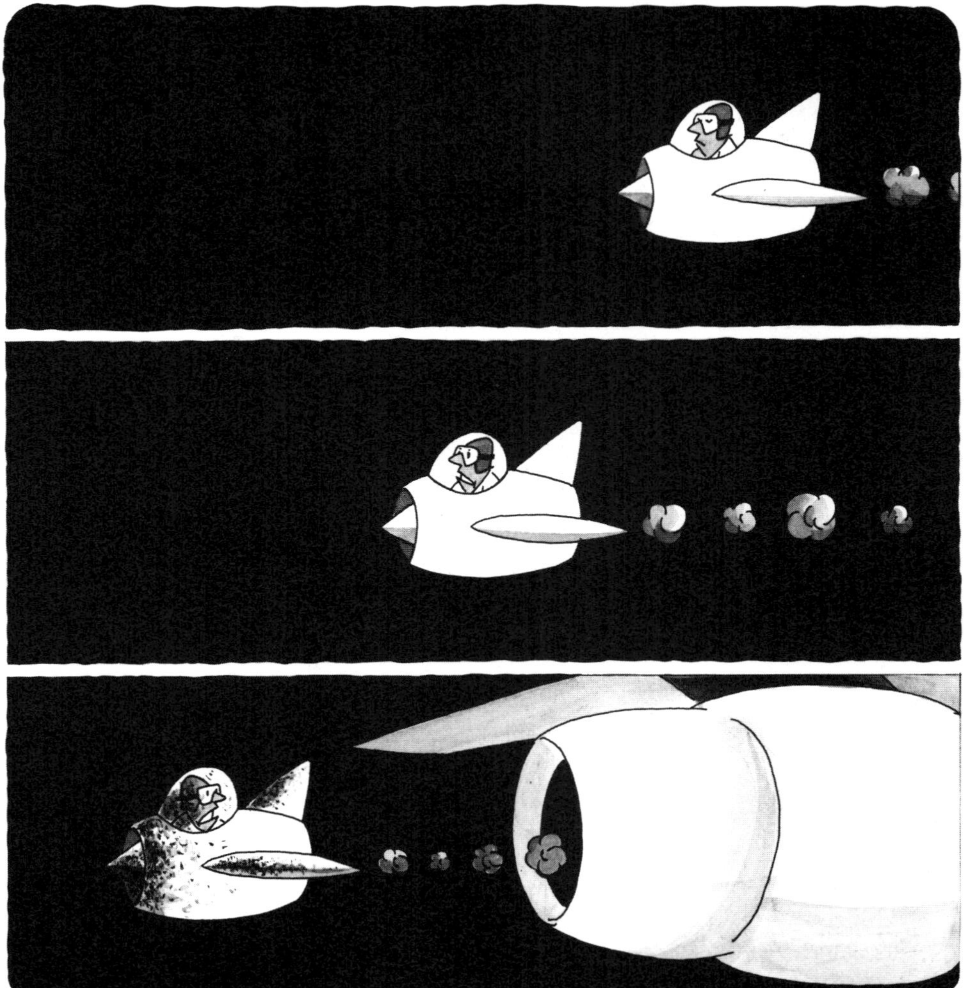

Der 50.

Die Nachfolger

TOR!

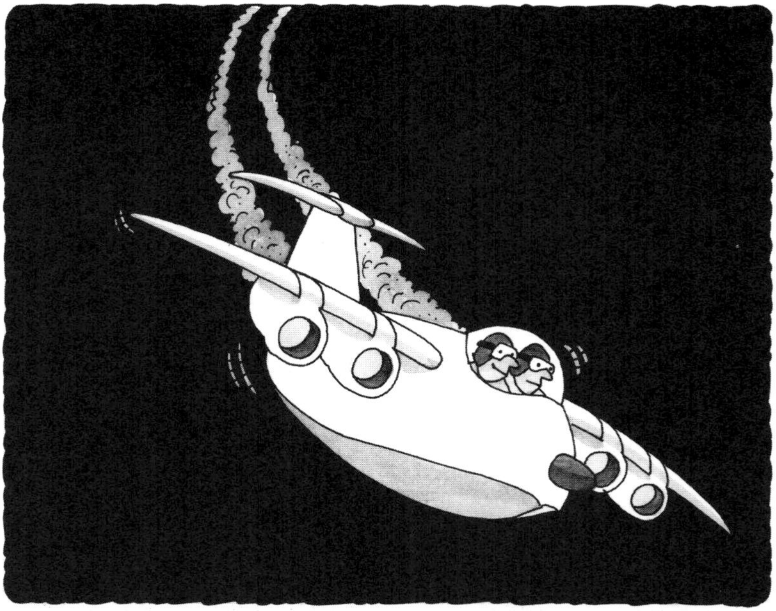

1
1
6

Hab ich was falsch gemacht?

Er gehört zum neuen
Wach-und Nacht-
Geschwader...

OK,
die Luft ist rein,
es kann los gehen...

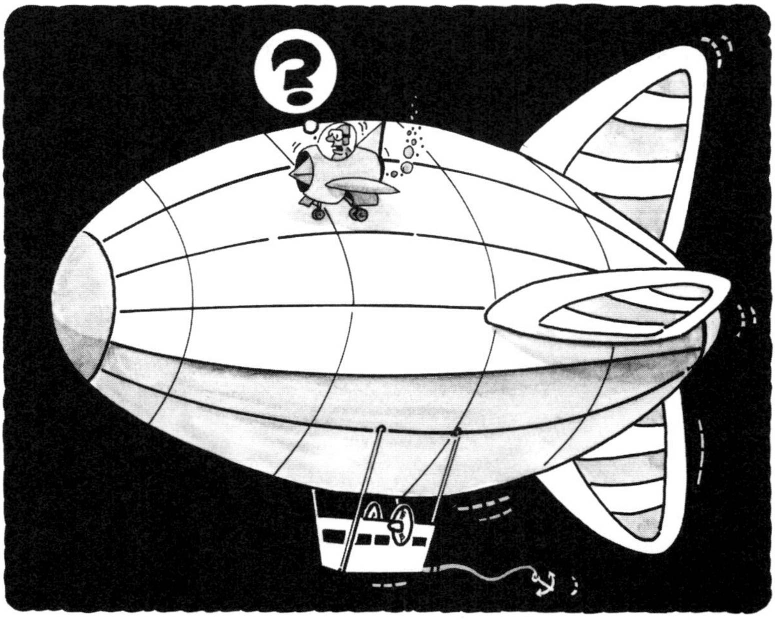

HALLO HOUSTON...

WHISKY

Waren Sie schon mal am Grand Canyon?
...Nein...

Bitte Volltanken!

ROGER?
Oh, der General!

Kennen Sie sich
in der Luftfahrt aus?
Chefredakteur

Chefredakteur

"Merkwürdig, die NASA meint, die Russen wissen auch von nichts"

SIE BEFINDEN
SICH HIER

"Das sind Sioux, Charlie!"

Für einen Großteil seiner Cartoons benutzte Walter Rottiers die English-Electric „Lightning“ als Vorlage (Foto).
Aber auch Flugzeuge wie z.B. Phantom, F 16, Starfighter, Mirage, Hornet, Galaxy, Boeing 747 oder das US-Space Shuttle findet man hier und dort in seinen Zeichnungen wieder.

Walter Rottiers

Cartoons seien seine große Leidenschaft, sagt Walter Rottiers, am 7. 10. 1942 in Vilvoorde bei Brüssel geboren, Dipl.-Gebrauchsgrafiker mit eigenem Atelier in Pliezhausen bei Stuttgart. Eigentlich interessierten ihn früher Comics mehr als Cartoons. Sein Lieblingszeichner in all den Jahren war Hergé, einer der bedeutendsten europäischen Comic-Künstler.

Rottiers' Eltern, die damals im Hotelwesen tätig waren, konnten sich den Beruf als Zeichner für ihn allerdings nicht gut vorstellen. Rottiers: „Erst als mich ein Lehrer dabei erwischte, wie ich von ihm eine Karikatur zeichnete, entschied der Zufall. Dieser Lehrer warf mich nicht, wie ich eigentlich befürchtet hatte, von der Schule, sondern empfahl mir eindringlich, Unterricht in Werbegrafik und Design an der Technischen Hochschule in Mechelen zu nehmen."

Positive Einflüsse während des Werbe-Studiums gewann er bei seinem Lehrer Jan Joosen. Aber auch eine Begegnung mit Ray Gilles, einem der bekanntesten belgischen Cartoonisten und Besuche von Cartoon-Ausstellungen in Brüssel und Antwerpen bestärkten ihn darin, nun selbst Cartoons zu entwickeln.

1965 entschied er sich für einen Verbleib in der Bundesrepublik. Hier fand er überhaupt die Gelegenheit, mit seinen Zeichnungen an die Öffentlichkeit zu treten. Inzwischen sind es Hunderte von Bildern dieser Art geworden.

Seit 1966 erschienen seine Cartoons in Bunte, Quick, Pardon, Hör Zu, auto motor sport, mot, Lastauto Omnibus, Gute Fahrt, Christophorus, BMW-Journal, Motorrad, PS, Hobby, Flug Revue, Raumfahrt — Wirtschaft, Schöne Welt, Sport Illustrierte, Kicker, Tour, Ski Magazin, W & V, Bild am Sonntag, Welt am Sonntag, IWZ, Boote, Das Tier, Stereoplay, Freundin, Micky Maus, Stuttgarter Zeitung, Schwäbische Zeitung, Frankfurter Rundschau, Neue Hannoversche Presse, Schwarzwälder Bote, Mannheimer Morgen, Westfälische Rundschau, Berliner Morgenpost, Saarbrücker Zeitung, Esslinger Zeitung. Ferner in l'Auto Journal (Frankreich), Margriet (Niederlande), Het Nieuwsblad, De Standaard, Pourquoi Pas? (Belgien), Aerospace (England), Stop (CSSR), Skrzydlata Polska (Polen) usw. Aber auch für Anzeigen, Buchtitel oder auf Kalendern wurden seine Zeichnungen verwendet. Außerdem veröffentlichten u.a. Der Spiegel und Aviation Week (USA) technische Illustrationen aus seiner Feder. Das ZDF setzte seine Karikaturen in verschiedene Show-Blocks ein.

1973 erschien seine erste Cartoon-Sammlung „Let it be" mit 70 seiner besten Zeichnungen. 1974 schmunzelten die Fußball-WM-Organisatoren und das Fernseh-Publikum, als er mit seinem Entwurf bei dem damaligen Sondermarken-Wettbewerb der Bundespost in die Endausscheidung kam.

1976 bekam er bei der „World Cartoon Exhibition" im belgischen Seebad Knokke das Diplom für Verdienste auf dem Gebiet des gezeichneten Humors.

Ein Jahr später gewann er den Preis bei der Internationalen Cartoonale in Beringen/Belgien.

Insgesamt nahm Rottiers bis 1985 an sieben Gruppenausstellungen in Brüssel, Knokke und Beringen teil. 1984 und 1985 fanden im Stuttgarter Airport-Hotel „Mövenpick" und in Pliezhausen die „Airtoonale" statt, wo Rottiers in einer Sonderausstellung 60 seiner besten Luftfahrt-Cartoons zeigte.